AF224661

DISCOURS

PRONONCÉ LE 14 NOVEMBRE 1865

SUR LA TOMBE DE

M. ISIDORE-HENRY-GERMAIN BOIVIN,

Membre de la fabrique de la paroisse Saint-Jacques-du-Haut-Pas,
Vice-Président de la Société de secours mutuels du quartier du Val-de-Grâce,
Ancien Directeur de la maison et école d'accouchement,

DÉCÉDÉ LE 13 NOVEMBRE 1865,

PAR

M. DE CAMBRAY,

Chef de la division du Secrétariat de l'Administration générale
de l'Assistance publique à Paris

DISCOURS

PRONONCÉ LE 14 NOVEMBRE 1865

SUR LA TOMBE DE

M. Isidore-Henry-Germain BOIVIN,

Membre de la fabrique de la paroisse Saint-Jacques-du-Haut-Pas,
Vice-Président de la Société de secours mutuels du quartier du Val-de-Grâce,
Ancien Directeur de la maison et école d'accouchement,

DÉCÉDÉ LE 13 NOVEMBRE 1865,

PAR

M. DE CAMBRAY,

Chef de la division du Secrétariat de l'Administration générale
de l'Assistance publique à Paris.

Permettez-moi de prononcer quelques paroles d'adieu sur la tombe de l'homme de bien qui a été enlevé si rapidement à l'affection de sa famille et de ses nombreux amis.

Entré fort jeune (en 1820) dans la carrière administrative, M. Boivin débuta par un emploi modeste ; mais bientôt il donna la mesure de sa valeur : son esprit judicieux, son instruction solide et variée, son aptitude particulière lui acquirent promptement l'estime et la confiance de son chef éminent, M. Duplay, l'un des Administrateurs des Hospices, juste appréciateur du véritable mérite ; aussi, c'est uniquement à son zèle et à sa capacité que M. Boivin dut son avancement, et, dès 1827, il était nommé Chef de bureau dans l'importante Division du Domaine hospitalier.

La place de Directeur de la Maison d'Accouchement étant devenue vacante en 1834 fut donnée à M. Boivin. L'Administration ne pouvait faire un choix plus heureux : car il s'agissait alors de l'exécution de mesures nouvelles (que depuis on a jugées excessives). Il fallait que, dans ses rapports quotidiens avec les malheureuses mères, le Directeur sût concilier la modération et la douceur, avec une certaine fermeté : personne ne convenait mieux que M. Boivin à cette mission délicate, où la persuasion devait vaincre la résistance.

L'intelligence vraiment supérieure dont M. Boivin donna de nouvelles preuves en cette occasion, non moins que la parfaite honorabilité de son caractère, fixa sur lui l'attention du Conseil général des Hospices, et deux fois il fut présenté pour une place d'Administrateur. Il aurait probablement obtenu ce poste élevé, qui était l'objet bien naturel de ses vœux, s'il n'eût de lui-même brisé trop tôt sa carrière, en demandant sa retraite à l'âge de 48 ans.

Mais s'il renonçait volontairement à des fonctions où il craignait de ne plus apporter assez d'activité, il s'était préparé, au dehors, des occupations conformes à ses goûts et à ses sentiments charitables.

Administrateur et Secrétaire, pendant plusieurs années, de l'Œuvre fondée par M. le baron de Gérando, il contribua, par ses conseils et par son activité, au développement de cette utile institution.

Membre de la Société de Secours Mutuels du quartier du Val-de-Grâce, il a considéré comme un devoir sacré d'assister assidûment à ses réunions périodiques, toujours prêt à accueillir avec bonté les honnêtes ouvriers qui s'empressaient de se rendre à l'appel de MM. les Membres honoraires de l'Œuvre et d'écouter leurs sages conseils. Plus d'une fois M. Boivin, devenu l'un des Vice-Présidents de la Société, a présidé cette fête de famille ; et il savait trouver des paroles éloquentes et persuasives pour encourager ces hommes tranquilles et laborieux à se maintenir dans la bonne voie. Souvent même il se transportait au chevet des malades pour s'assurer de leurs besoins et leur donner des marques d'une touchante sollicitude.

M. Boivin a encore été Membre et Trésorier de la Fabrique de Saint-Jacques-du-Haut-Pas, et pendant qu'il remplissait ces dernières fonctions, il y apportait cet esprit d'ordre éclairé et cette prudente économie dont il avait donné tant de preuves dans la gestion de l'hôpital de la Maternité.

Mais il s'est particulièrement distingué par ses connaissances profondes dans la législation sur les Fabriques, et il n'a cessé, jusqu'à sa mort, de faire partie de la haute Commission appelée à donner son avis sur toutes les questions touchant aux intérêts les plus sérieux des paroisses de Paris.

Dois-je parler de la vie privée de M. Boivin? Vous la connaissez tous, Messieurs; vous savez combien il était aimable, bienveillant et constamment disposé à rendre service. Il n'y a jamais eu dans son cœur de place pour la haine ou l'envie. D'une amitié sûre, il s'était fait de nombreux amis. Doué d'une extrême sensibilité, il prenait une grande part aux événements heureux ou malheureux qui les intéressaient; il s'affectait bien vivement de la perte de l'un d'eux, et peut-être sa fin prématurée a-t-elle été avancée par l'impression douloureuse que lui a causée la mort récente de deux personnes qui lui étaient bien chères.

Quant à nous, Messieurs, qui nous pressons autour de la tombe de M. Boivin pour lui rendre les derniers devoirs et lui apporter un nouveau témoignage de notre estime et de notre affectueuse sympathie, nous avons la consolation de penser que sa vie exemplaire et ses vertus chrétiennes auront trouvé grâce devant le Juge Suprême, qui n'est terrible qu'aux méchants, mais qui, pour les hommes bons et justes, a les mains pleines de miséricordes infinies.

Puisse l'expression sincère de nos vifs regrets adoucir le chagrin profond de sa digne compagne, aujourd'hui si désolée, et de ses neveux, qu'il aimait bien tendrement.

Paris, Paul Dupont, 45, rue de Grenelle-Saint Honoré.